MAMANS ET BÉBÉS ANIMAUX
DE LA
MER

Texte de
Roberto Piumini
Illustrations de
Lorella Rizzatti
Traduction de Cécile Gagnon

EH Héritage jeunesse

Un mauvais quart d'heure

Petit Dauphin nageait près de sa mère en faisant mille acrobaties. Chaque jour, il apprenait de nouvelles façons de jouer dans l'eau : il savait nager sur le dos, sauter et plonger en faisant une vrille. Il arrivait même à avancer avec la moitié de son corps immergé et l'autre hors de l'eau.

— Et maintenant, si tu t'arrêtes un peu, nous

pourrons continuer à faire nos exercices de re-
connaissance, dit Maman Dauphin. Tu sais com-

ment. Éloigne-toi de moi, puis essaie de me retrou-
ver grâce aux ondes émises par ton corps...

Petit Dauphin nagea rapidement tout droit de-
vant lui jusqu'à ce qu'il fût seul au milieu de la mer.
Il s'arrêta, envoya ses ondes puis attendit d'enten-
dre leur écho se répercuter dans sa direction. Une
silhouette assez grande le frôla sur sa gauche.

« Voici Maman ! pensa-t-il. Elle a dû se déplacer
par là pour me tromper ! Mais je l'ai trouvée ! »

Il nagea vite sous la surface de l'eau vers le corps
qu'il avait vu. Mais quand il s'approcha et commença à mieux distinguer la forme, il s'aperçut qu'il
s'était trompé. Dans l'eau verte et transparente, un
gros requin se déplaçait en bougeant lentement ses
longues nageoires.

Petit Dauphin passa un mauvais moment :
effrayé, il se tint immobile dans l'eau profonde.

Le requin le vit, et d'un coup de queue, pointa vers lui son museau pointu et sa gueule pleine de dents menaçantes.

Dans l'eau, Petit Dauphin entendit le cri de rappel de sa maman ; il répondit en lançant un son rauque et craintif.

Le requin était tout près mais une ombre passa tout à coup au-dessus de lui. Maman Dauphin fonça comme une balle de fusil et le frappa violemment sur le dos. Il roula dans l'eau trois bons tours. Confus et étourdi, le prédateur s'en fut dans les profondeurs vertes de l'océan.

— Tu dois apprendre à reconnaître mieux les

silhouettes, dit Maman Dauphin en effleurant son petit de son long museau. Et pour l'instant, ne t'éloigne plus.

Petit Dauphin se rapprocha de sa mère. Se sentant protégé par sa présence, il se remit à nager. Autour d'eux, d'immenses bancs de poissons passaient en frétillements dorés.

Le dauphin

Le dauphin est capable de faire d'étonnantes acrobaties : nager sur le dos, sauter en faisant une vrille ou bien nager verticalement à reculons. Grâce à cette incroyable adresse, le dauphin peut aider ses semblables lorsqu'ils sont en difficulté en les soulevant sur son dos.

Enjoués, mais aussi très courageux, les dauphins attaquent l'ennemi à plusieurs pour défendre les animaux blessés ou les plus petits. Chacun à leur tour, ils foncent sur le prédateur, l'éperonnent avec leur museau jusqu'à ce qu'il s'éloigne. Quelquefois même, ils réussissent à le tuer.

Le dauphin est l'un des meilleurs amis de l'homme. Il est arrivé souvent qu'un homme poursuivi par un requin dans la mer soit sauvé par une bande de dauphins.

Un énorme appétit

Née dix jours auparavant, Petite Baleine ne pesait que deux tonnes et demie et ne mesurait que sept mètres. Elle nageait lentement près de Maman Baleine qui mesurait vingt-neuf mètres et pesait cent tonnes.

— Maman, quand je serai grande comme toi, est-ce que je pourrai manger les îles ?

— Tu ne pourras manger ni les grandes ni les petites îles, répondit la maman tout en continuant de nager sans se presser.

Pour le moment, Maman Baleine restait à la surface de l'eau ; elle enseignait à Petite Baleine comment faire bouger sa nageoire caudale de haut en bas pour avancer.

— Maman, quand je serai grande comme toi, je pourrai manger des baleines ?

— Tu ne pourras manger ni les grosses baleines comme nous, ni les petites comme les baleines pygmées.

Tout en nageant, Maman Baleine montrait à sa petite baleine comment sortir de l'eau la partie supérieure de son dos pour expirer et inspirer de l'air. Plus tard, quand Petite Baleine serait plus grande, elle apprendrait à descendre tout au fond de la mer en retenant sa respiration pendant vingt minutes.

— Maman, quand je serai grande comme toi, je pourrai manger des poissons ?

— Tu ne mangeras ni les gros poissons comme les requins ni les petits comme les harengs, répondit Maman Baleine. Elle tourna son énorme queue pour faire voir à son bébé comment changer de direction.

— Mais alors, s'écria Petite Baleine, quand je serai grande je mourrai de faim !

— Bois un peu de lait, puis je vais t'expliquer, dit la maman en se penchant dans l'eau pour que son bébé puisse plus facilement glisser sous elle et atteindre son abdomen.

Un jet de lait crémeux, riche en substances nourrissantes, passa du corps de la mère à celui du nourrisson.

Rassasiée, Petite Baleine recommença à nager, oubliant ses inquiétudes au sujet de ce qu'elle allait manger plus tard. Mais sa mère ne voulait pas que ce problème revienne la tourmenter encore.

— Nous, les baleines, ne mangeons ni des îles ni des baleines ni même des poissons, dit-elle. Notre nourriture est le plancton. Ce sont de minuscules animaux flottants qui passent dans notre gueule à travers nos fanons...

— J'ai compris ! interrompit Petite Baleine, s'élançant en avant d'un rapide coup de queue. Ce sera comme si je buvais le lait de la mer !

La baleine

À travers les fanons, ces lames serrées qui constituent sa dentition, la baleine filtre l'eau et avale sa nourriture préférée : le plancton. Elle en mange jusqu'à huit tonnes par jour.

Même si elle est lourde, la baleine est une merveilleuse cantatrice. En effet, elle émet un chant bizarre qui peut être entendu jusqu'à cent soixante kilomètres de distance.

Pour respirer, la baleine remonte à la surface en se servant de son évent (un trou situé en haut de sa tête) : elle émet un jet de vapeur caractéristique. Puis, elle emmagasine de l'oxygène et retourne sous l'eau.

Cent petits œufs

Sur la plage déserte parsemée de petits rochers sombres, seule la mer semble animée. Depuis déjà deux mois, les grandes tortues femelles sont sorties de l'eau et se sont traînées pesamment jusqu'au bout de la plage, hors d'atteinte des vagues. Ensuite, elles ont creusé des trous profonds à l'aide de leurs nageoires et y ont déposé des centaines de petits

œufs ronds. Puis, elles ont recouvert les trous et ont remué le sable tout autour pour brouiller les pistes. Enfin, fatiguées de leur long travail, elles sont retournées vers la mer beaucoup plus légères qu'auparavant et ont disparu dans l'immensité. Leurs traces laissées dans le sable faisaient un dessin bien net que les vagues et le vent ont effacé en quelques heures.

Pendant deux mois, la plage resta déserte : seul un goéland pirate la survola, espérant trouver un trou découvert pour s'emparer d'un œuf.

Mais sous le sable réchauffé par le soleil, les œufs vieillissaient en sécurité.

Peu de temps après, à brefs intervalles, les cent œufs d'un même trou s'ouvrirent. Cent petites tortues commencèrent à s'agiter : elles s'agrippèrent aveuglément aux parois du trou, creusant dans le sable pour trouver la lumière. Quand les premières parvinrent dehors, il faisait déjà nuit.

Petite Tortue fut la cinquantième à mettre le nez

dehors à l'air libre tandis que les autres cinquante frères et sœurs grimpaient et retombaient les uns sur les autres derrière elle.

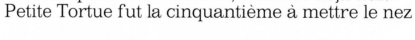

Les cinquante petites tortues déjà sorties trottinaient dans le noir, attirées par le reflet brillant de l'eau. Instinctivement, elles voulaient rejoindre la mer qui est leur habitat naturel.

La petite avançait malgré les gerbes de sable que ses frères et sœurs soulevaient sur leur passage.

Tout à coup, une ombre claire dans la nuit la survola, menaçante et silencieuse. Petite Tortue s'aplatit dans un creux dans le sable, cherchant à s'enterrer tout au fond. Une autre petite tortue, derrière elle, la dépassa et continua d'avancer vers la mer. Un gros goéland descendit, battit bruyamment des ailes, l'attrapa et l'emporta.

Petite Tortue mit la tête hors de sa cachette. Le ciel était noir et le silence régnait. Elle avait réussi !

L'eau brillante de la mer était à moins de dix mètres de distance. Elle s'élança, encore plus vite qu'avant, car la plage était en pente et le sable compact.

Finalement, elle fit éclabousser l'eau et se retrouva dans la mer. Et avec elle, tout autour, les autres petites tortues plongeaient, faisant jaillir l'eau tiède. Puis, une vague arriva, puissante et légère, effaçant toute trace de leur passage. Désormais, les tortues étaient arrivées là où depuis des dizaines de millions d'années, elles nagent et vivent en paix.

La tortue

Quel animal incroyable que la tortue de mer ! Lente et empotée sur la terre ferme, elle se transforme en une nageuse agile et rapide dans la mer. Elle peut franchir des distances de plus de 2 500 kilomètres.

La tortue est une rusée. Après avoir déposé ses œufs dans un trou, elle recouvre le nid soigneusement et efface ses traces en soulevant des nuages de sable. Puis, avant de retourner dans la mer, elle creuse des tas d'autres trous comme le sien pour tromper les prédateurs.

À peine nées, les petites tortues ont déjà une épreuve à subir. De nuit, elles doivent regagner la mer le plus vite possible malgré leur maladresse et échapper à leurs ennemis. Malheureusement, peu d'entre elles parviennent à destination.

Le voyage de Petit Morse

Dans la lumière grise de la longue journée polaire,
l'énorme bloc de glace glissait sur la mer parmi des
milliers et des milliers d'autres blocs.

Dix morses étaient allongés sur le banc de glace :
petites montagnes immobiles de chair rosée. Trois
d'entre eux étaient jeunes et se tenaient collés à
leurs mères tout près de sa tête garnie de chaque

côté de longues et puissantes défenses. Petit Morse leva la tête et regarda autour de lui le désert d'eau et de glace.

— Maman, où allons-nous sur ce morceau de glace ? demanda-t-il.

— Là où nous emmène la mer, petit. La mer est immense. Elle n'a pas de frontières ; partout il y a de quoi manger.

Elle se tut et ferma les yeux ; on aurait dit qu'elle était endormie.

Petit Morse ne tétait plus depuis quelque temps déjà, mais il allait demeurer encore une année avec le groupe de femelles et de petits avant de partir et de se mettre à la recherche d'une autre compagnie.

De temps en temps, on entendait de gros craquements, des bruits sourds et qui ne semblaient venir de nulle part.

— Maman, qu'est-ce que c'est ?

— C'est la glace qui se brise, petit. La mer la casse, puis la mastique comme nous mastiquons les carapaces des crabes...

Et Maman Morse se rendormit. Petit Morse, qui observait les glaces flottantes autour de lui, se sentait étourdi. Au loin, un ours polaire, posté sur un bloc glacé, humait le vent.

— Maman, il y a un ours là-bas.

Maman Morse leva la tête.

— Je le vois ; mais il ne viendra pas ici. Même les ours ont peur des mamans morses.

À l'horizon, très très loin, un grand bateau rouge passa.

— Maman, qu'est-ce que c'est ?

— C'est une maison d'hommes en voyage, fit Maman Morse en suivant le bâtiment des yeux. Il ne faut pas s'en approcher, car les hommes ont des crocs qui tuent de loin. Ils sont encore plus dangereux que les ours. Mais ils ne viendront pas jusqu'ici.

Petit Morse n'avait plus de questions à poser. Comme il commençait à s'ennuyer, il bâilla en émettant un bref rugissement. Puis, il s'allongea près de sa mère et s'endormit. Le bloc de glace tournait lentement, comme un silencieux manège blanc.

Le morse

Les mamans morses passent la plus grande partie du jour à allaiter leurs petits, à les laver et à jouer avec eux. Si on les attaque, elles n'hésitent pas à les défendre avec fureur.

Le passe-temps favori du morse est de paresser sur les bancs de glace avec ses compagnons. Mais parmi eux, il y en a toujours un qui se charge de faire la sentinelle !

Les défenses du morse sont indispensables à sa survie. Avec ces grandes canines, le morse avance sur la terre ferme, se creuse un trou dans la glace et déterre des mollusques du fond de la mer. Il s'en sert aussi pour repousser ses ennemis.

Une leçon de pêche

Après avoir couvé chacun à leur tour, Maman et Papa Macareux virent que leur œuf tacheté de rouge allait éclore. Ils s'envolèrent joyeusement au-dessus du cap. Mais ils le firent l'un après l'autre, car ils ne devaient pas abandonner l'œuf, même pour un seul instant. Là-haut, dans le pré juché sur la falaise, les chasseurs d'œufs, un rat gris ou un

goéland par exemple, pourraient se rendre jusqu'au tunnel.

Petit Macareux naquit tout recouvert de duvet
doux et gris. Papa et Maman le réchauffèrent et le
nourrirent à tour de rôle dans le nid aménagé dans
la partie la plus profonde du tunnel. À peine y
entendait-on le bruit des vagues se briser sur les
rochers et le cri des goélands qui passaient.

— Quand pourrai-je voler ? demanda Petit
Macareux, la cinquième semaine.

Plusieurs fois, il s'était avancé jusqu'à l'entrée du
tunnel : il avait regardé le ciel, humé le vent salé de
la mer et admiré le vol libre des oiseaux de mer
vivant sur la falaise. Il se sentait fort et capable ;
avec son bec déjà solide, il pouvait arracher et
couper de gros brins d'herbe au bord de l'ouverture.

— Encore un peu de patience, petit, dit Papa
Macareux. Tu as encore des choses à apprendre...

Il s'envola, laissant son petit seul un instant.
C'était la première fois que Petit Macareux restait
vraiment seul : le ciel et la mer lui parurent alors
comme un dangereux gouffre beaucoup trop vaste
et profond pour lui.

Il retourna vers l'ombre et la quiétude du tunnel.

Papa Macareux revint à tire-d'aile, tenant sept petits poissons frétillants dans son bec. Il les déposa sur le sol et arrêta d'un léger coup de bec le petit qui se précipitait déjà pour les manger.

— Tu les mangeras dans un moment, dit-il. Pour l'instant tu dois apprendre à les tenir sous ta langue, bien serrés contre ton bec comme je l'ai fait. Cela te rendra service quand tu pêcheras au lieu de retourner à terre chaque fois pour déposer ta prise.

Juste à ce moment-là, Maman Macareux arriva en battant des ailes. Elle regarda son petit qui essayait d'entasser les poissons dans son bec mais ils tombaient tout le temps et il lui fallait les ramasser et recommencer.

— Je n'y arriverai jamais ! dit Petit Macareux.

— Tu réussiras, dit Maman Macareux en s'approchant et en réunissant les poissons ensemble pour que Petit Macareux essaie encore. Tu y arriveras comme nous avons fait, Papa et moi.

Petit Macareux se remit à la tâche. Dehors, de temps en temps, un goéland traversait le ciel en criant.

Le macareux

Non seulement les macareux sont d'habiles pêcheurs, mais ils se débrouillent aussi très bien comme… terrassiers. Après avoir choisi l'endroit pour élever leur petit, ils creusent un profond tunnel avec leur bec et leurs pattes. Long de deux mètres et demi, ce tunnel comporte une chambre tout au fond où l'œuf sera déposé.

Quand le nid est prêt, Papa et Maman Macareux commencent à se courtiser. Ils se frottent le bec plusieurs fois, se font des révérences et enfin, s'accouplent.

L'œuf, ou le petit à peine né, est constamment surveillé : de nombreux ennemis le guettent. Des rats gris, des goélands et d'autres oiseaux attendent le moment propice pour se lancer sur cette proie de choix. Même si un intrus parvient à entrer, Papa et Maman Macareux réussissent parfois à le chasser.

Une envie de voler

Les deux albatros exécutaient des danses d'amour compliquées. Ils ouvrirent d'abord leurs ailes en se donnant des baisers, puis ils fermèrent leur bec avec bruit et le pointèrent vers le ciel. Ensuite, ils se penchèrent vers le sol pour choisir leur nid et se lissèrent mutuellement les plumes du cou. À la fin, ils s'accouplèrent.

Plus tard, sur une île perdue de l'océan Pacifique, Maman Albatros déposa un gros œuf tacheté de rouge dans le nid en forme de cône.

À tour de rôle, pendant soixante-dix jours, les deux albatros couvèrent jusqu'à ce que l'œuf se brise. Finalement, un petit oiseau couvert de plu-

mes gris clair fit son entrée dans le monde.

Durant cinq semaines, il se nourrit en enfilant son bec dans celui de ses parents et en prélevant la bouillie d'aliments qu'ils lui préparaient. Lorsqu'il avait faim, il lui suffisait de frapper avec son bec celui de son père ou de sa mère pour qu'aussitôt, ils régurgitent pour lui une portion de nourriture.

Le temps passait calmement sur l'île perdue entre ciel et terre. Petit Albatros, de son nid, regardait voler ses parents si agiles et les autres grands oiseaux qui, profitant de la poussée du vent, planaient pendant des heures sans même bouger leurs ailes.

Un jour, se sentant grand et sûr de lui, Petit Albatros décida de se construire son propre nid. Mais comme il n'était ni très grand ni très sûr, il ne s'éloigna pas beaucoup du nid où il était né.

Maman et Papa Albatros l'observaient et le laissaient faire.

— Il doit s'habituer à rester seul, dit Maman Albatros déployant ses ailes.

Tous les deux ou trois jours, l'un des parents

apportait au petit une abondante portion de purée de poisson, de tendres calmars ou des crevettes croquantes.

Ce paisible va-et-vient tranquille dura presque un an, tandis que Petit Albatros grandissait et ressentait au fond de lui une irrésistible envie de voler.

Petit Albatros n'avait pas encore un an lorsqu'il profita du vent qui se levait pour prendre son envol de la cime d'une vague et mettre le cap sur l'horizon. Il vola ainsi des jours et des jours et finit par découvrir d'autres horizons. Le monde est grand, et l'albatros a l'univers entier pour demeure.

L'albatros

L'albatros est un véritable expert du vol : il profite des courants d'air et il plane sans bouger ses ailes pendant des heures et des heures. Puis, lorsqu'il sent la fatigue, il se pose sur l'eau et se laisse bercer par les vagues.

Et quel appétit que celui du petit albatros ! Chaque mois, il ingurgite environ neuf kilos de purée de poisson, ce qui représente quatre-vingts kilos de nourriture pour la période où les parents s'occupent de lui.

Avec des ailes d'une envergure de deux mètres, on peut faire le tour du monde. Et l'albatros en profite pour survoler tous les océans, franchissant la distance de deux cent cinquante kilomètres en vingt-quatre heures !

Un bateau... maternel

Comme tous les petits de son espèce, Petite Loutre
de mer naquit bien formée : elle avait les yeux
ouverts, de solides dents de lait, une fourrure
épaisse et douce, semblable à celle des loutres
adultes.

Maman Loutre posa son bébé sur sa poitrine dès
qu'il fut né. Elle le lécha longuement pour bien

préparer son pelage à garder la chaleur de son corps dans l'eau froide. Quelques jours plus tard, son bébé sevré, Maman Loutre entra dans l'eau en nageant sur le dos et en tenant Petite Loutre agrippée au poil de sa poitrine.

— Voici comment on nage quand on n'est pas trop pressé, expliqua Maman Loutre en bougeant doucement sa queue pour avancer. Vas-y maintenant, essaie...

Et Maman Loutre plongea sous la petite loutre, la laissant flotter et trouver toute seule les mouvements qu'il fallait faire. Puis, refaisant surface comme une petite île moelleuse, elle la soutint pour qu'elle se repose.

— Cette fois, j'irai plus loin vers le fond, dit-elle. Toi, nage calmement et attends. Tu auras une surprise.

La loutre plongea. La petite se mit à nager en tournant sur elle-même. Elle se sentait bien et avait envie de jouer avec l'eau.

Au-dessus, très haut, des albatros traversaient le ciel, en partance pour leur vol océanique.

L'eau s'agita un peu autour de Petite Loutre : c'était sa maman qui émergeait non loin d'elle. Elle portait sur la poitrine une pierre plate et serrait dans ses pattes avant un coquillage fermé.

— Que fais-tu donc ? demanda Petite Loutre en nageant à sa rencontre.

— Je veux te montrer comment casser des coquillages tout en restant dans l'eau.

Flottant toujours, Maman Loutre commença à frapper le coquillage sur la pierre ; au troisième coup, la coquille se rompit et le mollusque apparut. Maman Loutre l'avala.

— Formidable ! fit Petite Loutre, frétillant autour de sa mère.

Elle fit semblant d'avoir, elle aussi, une pierre sur le ventre et se frappa vigoureusement avec ses pattes. Le geste était facile à imiter...

Le soir tombait. Bientôt, la mère et la petite loutre s'endormirent parmi les algues flottantes sous l'immense voûte étoilée.

La loutre de mer

Pour la loutre de mer, passer le temps n'est jamais un problème. Joyeuse et sociable, elle reste dans l'eau toute la journée : elle pêche, nage et joue avec ses compagnes en faisant mille pirouettes acrobatiques et en participant à des bousculades très animées.

Pour les petits de la loutre, c'est un vrai bonheur que d'avoir une maman qui leur sert de bateau. Ils s'agrippent à son dos et se laissent balader sur l'eau, protégées du froid grâce à leur épaisse fourrure.

Y a-t-il un danger en vue ? La loutre de mer plonge aussitôt et reste immergée durant huit minutes s'il le faut. Puis, elle refait surface et flaire l'odeur des ennemis que lui apporte le vent.

Une forêt de pattes

Sur la rive du grand lac africain, les flamants se posèrent par milliers. Avec leurs têtes roses, leurs becs noirs et leurs longues pattes rosâtres qui baignaient dans l'eau peu profonde, on aurait dit une végétation aquatique. De loin, leurs mouvements donnaient l'impression d'un mirage.

Petit Flamant était différent des flamants adul-

tes : recouvert de duvet blanc, il avait le bec court et droit, les pattes rouges. Il était né dix jours auparavant, sortant de l'œuf couvé tour à tour par Papa et Maman Flamant dans leur haut nid surélevé. Il ne mangeait pas comme les adultes qui filtrent l'eau du fond des lagunes à l'aide de leur bec retourné à l'envers. Son père et sa mère lui régurgitaient dans son bec grand ouvert un liquide nourrissant mélangé à des petits morceaux de coquillages.

Pourtant, Petit Flamant se sentait désormais assez grand pour quitter le nid. Il voltigeait entre les nids et les pattes des adultes en compagnie de dizaines et de dizaines d'autres petits flamants. Les petits étaient tout de même inquiets d'avoir à se déplacer à travers toutes ces longues pattes, un peu comme s'ils avaient été perdus dans une forêt de cannes ou de roseaux.

Quelques-uns avaient déjà quelques plumes gris sombre à travers les plumes blanches, ou le bec et les pattes d'une teinte plus foncée : c'étaient les oiseaux âgés d'un mois.

Des formations de flamants en vol au-dessus du lac, battaient rapidement leurs grandes ailes bordées de noir.

— Quand volerai-je moi aussi, maman ? demanda Petit Flamant, en levant la tête vers le ciel.

— Quand tes plumes grises auront poussé, lui répondit sa mère.

— Et où irai-je ?

— Tu iras où vont les flamants : à la recherche d'étendues d'eau peu profondes et riches en aliments.

— Ici, il n'y a pas assez à manger, maman ?

— Ici, la lagune s'asséchera bientôt et nous devrons partir…

D'autres petits flamants, à peine sortis du nid, allèrent rejoindre ceux qui étaient dans l'eau. Bientôt la colonie des jeunes compta une centaine de membres, peut-être un millier.

Sans bruit, un troupeau de chacals regardait de loin la colonie des flamants en bâillant de faim. Mais tant que les flamants restaient dans l'eau, comment pouvaient-ils attaquer ? Les chacals n'aiment pas se mouiller…

Ignorant tout de l'existence de ces prédateurs, Petit Flamant, dans la forêt des pattes, trempa son bec dans l'eau et dégusta ses premiers insectes avec curiosité.

Le flamant

Le cou allongé, la tête qui se balance et les ailes déployées : les flamants sont prêts pour les danses qui précèdent l'accouplement. Toute la volée s'anime et un immense nuage rose se reflète dans l'eau comme dans un miroir.

Le flamant est un oiseau très gracieux malgré la laideur de son bec. Pourtant, c'est grâce à ce bec robuste que le flamant tamise l'eau et la boue pour filtrer ensuite avec sa langue les parcelles de nourriture qu'il y trouve.

Pour un petit flamant, il est facile de se perdre dans la forêt de pattes des adultes. Aussi, lorsqu'il atteint dix jours, le bébé est mis en sécurité à la « garderie », où il demeure pendant dix semaines jusqu'à ce qu'il soit en mesure de voler.

Un bébé affamé

Petite Otarie commença à s'inquiéter. Sa maman avait plongé dans la mer en lui disant : « Sois raisonnable : ne t'éloigne pas des rochers, petite. Je reviendrai. »

Que voulait-elle dire par : « je reviendrai » ? Depuis un jour et une nuit, sa maman avait disparu

dans l'eau bleue après quelques plongeons dans les vagues.

Petite Oratie avait faim. Non pas une énorme faim parce qu'avant de partir, sa mère l'avait longuement allaitée et lui avait fait manger un petit calmar délicieux. Mais elle avait quand même un petit creux dans l'estomac.

Elle avait passé la journée à jouer sur les rochers, loin des gros mâles éparpillés sur la grève qui lançaient de désagréables cris rauques. Il valait mieux se tenir loin de ces colosses !

Puis, durant la nuit, Petite Otarie se mit à l'abri

dans une cavité du rocher, loin des embruns et du vent. Pendant un certain temps, elle attendit sa mère en observant la lune et les étoiles qui se reflétaient sur l'eau. Puis, son estomac grognant un peu, elle finit par s'endormir.

Au matin, sa maman n'était toujours pas de retour et elle avait encore plus faim. S'aidant de ses

nageoires, Petite Otarie grimpa alors doucement sur le plus haut rocher et regarda aux alentours. Là-bas, de gros mâles chassaient, montaient et descendaient dans les vagues.

On voyait aussi des goélands et des sternes,

rasant l'écume de la mer... Mais sa mère n'était nulle part en vue.

La petite se gratta le cou avec ses nageoires arrière : elle venait d'apprendre ce geste et même si elle n'avait pas besoin de se gratter, elle voulait montrer qu'elle savait le faire.

Elle descendit des rochers et plongea dans l'eau. Elle savait déjà bien nager. Elle joua un moment, remplissant ses poumons d'air et descendant vers

le fond pour faire des bulles et les poursuivre ensuite jusqu'à la surface en nageant en tire-bouchon. Mais jouer le ventre vide ne l'amusait plus. Et les bulles croquées n'avaient aucune saveur : elles crevaient en milliers de petites bulles lumineuses.

Un banc de merlans passa tout près, mais la petite ne se sentait pas assez habile pour les rattraper et les manger. Elle se dirigea vers le rivage, en remuant nonchalamment ses nageoires et sortit de l'eau en roulant sur le dos...

— Ah ! te voilà enfin ! Où étais-tu ? fit une voix. N'as-tu pas faim ?

Sa maman l'attendait sur le rocher, belle et grasse après une journée et une nuit passées à chasser dans la mer.

Petite Otarie ne répondit pas. Elle se précipita maladroitement vers sa mère, imaginant déjà le goût du bon lait.

L'otarie

Les otaries sont des animaux très grognons. Elles aiment rester seules à l'intérieur de leur territoire et elles ne supportent pas les intrus auxquels elles font peur en criant très fort.

Les otaries peuvent apprendre à faire des gestes presque humains tels que tenir un ballon en équilibre, ou encore battre des nageoires antérieures comme si elles étaient des mains.
Les petites otaries ne s'éloignent jamais de leur

mère qui en prend soin, les allaite et joue avec elles. Et pas question de partir au loin, car un adulte grognon pourrait bien les effrayer avec ses hurlements féroces.

À la découverte du monde

À la fin de l'automne, Maman Ourse avait creusé une caverne dans les flancs d'une colline enneigée. C'est là que naquirent Petit Ours et Petite Ourse au début de janvier.

Dehors, le vent sifflait, puissant et glacé : l'eau de mer se transformait en glace durant l'hiver arctique.

La caverne était juste assez grande pour abriter la mère et ses petits et leur permettre quelques mouvements. À l'intérieur, il faisait à peine moins zéro ; les petits étaient bien au chaud grâce à leur épaisse fourrure.

Jusqu'à l'automne, Maman Ourse avait mangé beaucoup de phoques : elle laissait lentement se consumer toute la graisse accumulée dans son corps et faisait de longues siestes. Pendant deux mois, Petit Ours et Petite Ourse dormirent aussi beaucoup, collés à la douce fourrure de Maman. Ils

ne s'éveillèrent que pour fouiller le ventre de leur mère et téter son lait chaud.

Ils firent ensuite leurs besoins dans un coin ; Maman Ourse gratta alors la voûte de la caverne avec ses longues griffes et couvrit les déchets d'un peu de neige fraîche pour garder le sol toujours propre.

Puis, ils retournèrent dormir tous les trois, dans le grand silence de l'hiver.

Mais à la fin de février, les deux petits ours commencèrent à avoir moins sommeil. Une lumière toujours plus claire entrait par la petite ouverture que Maman Ourse avait percée pour respirer et colorait de bleu la caverne creusée dans la neige.

De temps en temps, la mère murmurait :

— Dormez, petits. Ce n'est pas encore le moment...

Mais les jeunes devenaient de plus en plus impatients et inquiets. Côte à côte, ils avancèrent lentement dans le tunnel qui menait vers la sortie bouchée par la neige tombée depuis l'automne. Avec leurs griffes noires et brillantes, ils grattèrent la surface en reniflant. Des senteurs nouvelles et étranges émanaient de l'épaisse couche de neige.

Ils humèrent l'odeur du monde extérieur.

Un peu avant la fin de mars, Maman Ourse se souleva et se mit sur ses pattes. Elle était devenue maigre car toute sa graisse avait fondu. Elle bâilla et commença à donner de gros coups en un point de la voûte, faisant tomber une grande quantité de neige.

Les deux oursons se regardaient.

— Mais pourquoi fait-elle ça ? Nous n'avons pourtant pas fait nos besoins...

Maman Ourse creusait pour une autre raison : elle essayait de faire un trou dans l'épaisseur de la neige pour qu'apparaisse le bleu du ciel.

Autour d'elle, les deux oursons, tout excités et contents, se roulaient par terre.

L'ours polaire

Quand ils ont faim, Maman et Papa Ours polaire restent des heures en attente près des trous de respiration des phoques, en espérant que l'un d'eux émerge pour prendre un peu d'air...

Brrr! quel froid au pôle Nord! Mais pour l'ours polaire, le froid n'est pas un problème : grâce à son épaisse fourrure, il réussit à nager sans peine, même dans les eaux glacées de la mer.

Les oursons polaires aiment beaucoup s'amuser : ils adorent glisser le long des pentes glacées et se rouler dans la neige.

Table des matières